VINTAGE MOLLUSCS AND EPHEMERA

Artwork: Various artists
Layout and Design: Copyright © by Vintage Revisited Press 2022

Thank you for purchasing this book.

Vintage Molluscs and Shells Ephemera features a curated selection of images from a range of natural history prints, lithographs, and collage sheets.

The detailed depictions of shells and molluscs are ideal for art and craft projects including, greeting cards, scrapbooks, junk journals, collages, decoupage, and much more.

How to use the images:

The one-sided pages are removable by using scissors or a box cutter, they can also be scanned and resized.

Enjoy!

Happy Scrapbooking and Crafting.

Vintage Revisited Press

DICT. UNIV. D'HIST. NAT. Mollusques. GASTÉROPODES. PL. 15.

1. 2. Patelle commune. (Patella vulgata, Lin.) — 3. 4. Fissurelle en bateau. (Fissurella nimbosa, L.)
5. Calyptrée scabre. (Calyptraea equestris, L.) — 6. Cabochon bonnet hongrois. (Pileopsis hungarica, L.)
7. Dentale éléphantine. (Dentalium elephantinum.) — 8. Oscabrion écailleux. (Chiton squamosus, Lin.)

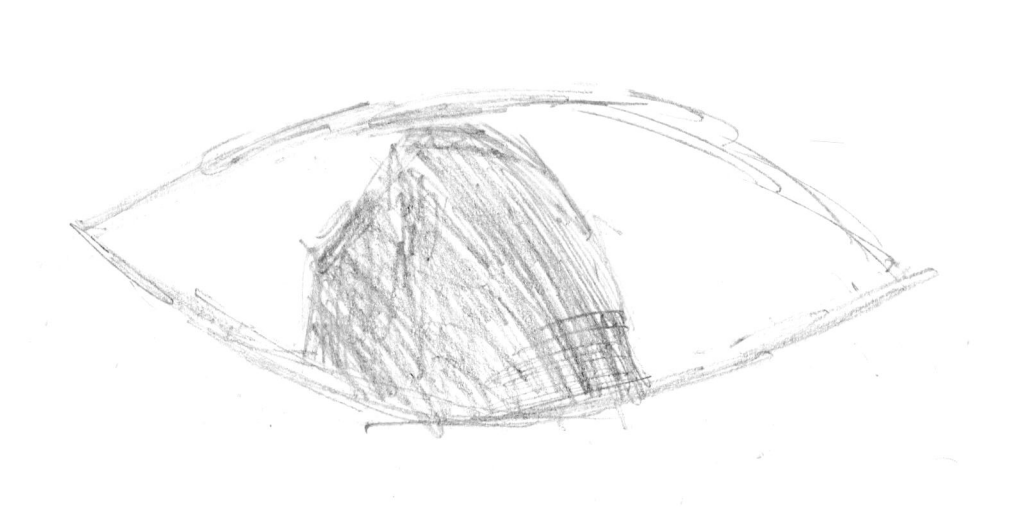

DICT. UNIV. D'HIST. NAT. Mollusques. Pl. 5.

1 a et 1 b. *Gnathodon cunéiforme.* (Gnathodon cuneatum, Gray.) — 2 a et 2 b. *Crassatelle rostrée.* (Crassatella rostrata, L.) 3 a et 3 b. *Mye tronquée.* (Mya truncata, Lin.) — 4 a et 4 b. *Mactre mouchetée.* (Mactra maculosa, Lamk.) 5 a et 5 b. *Anatine tronquée.* (Anatina truncata, Lamk.) — 5 c. Charnière de l'Anatine montrant le ligament et son os. velet.

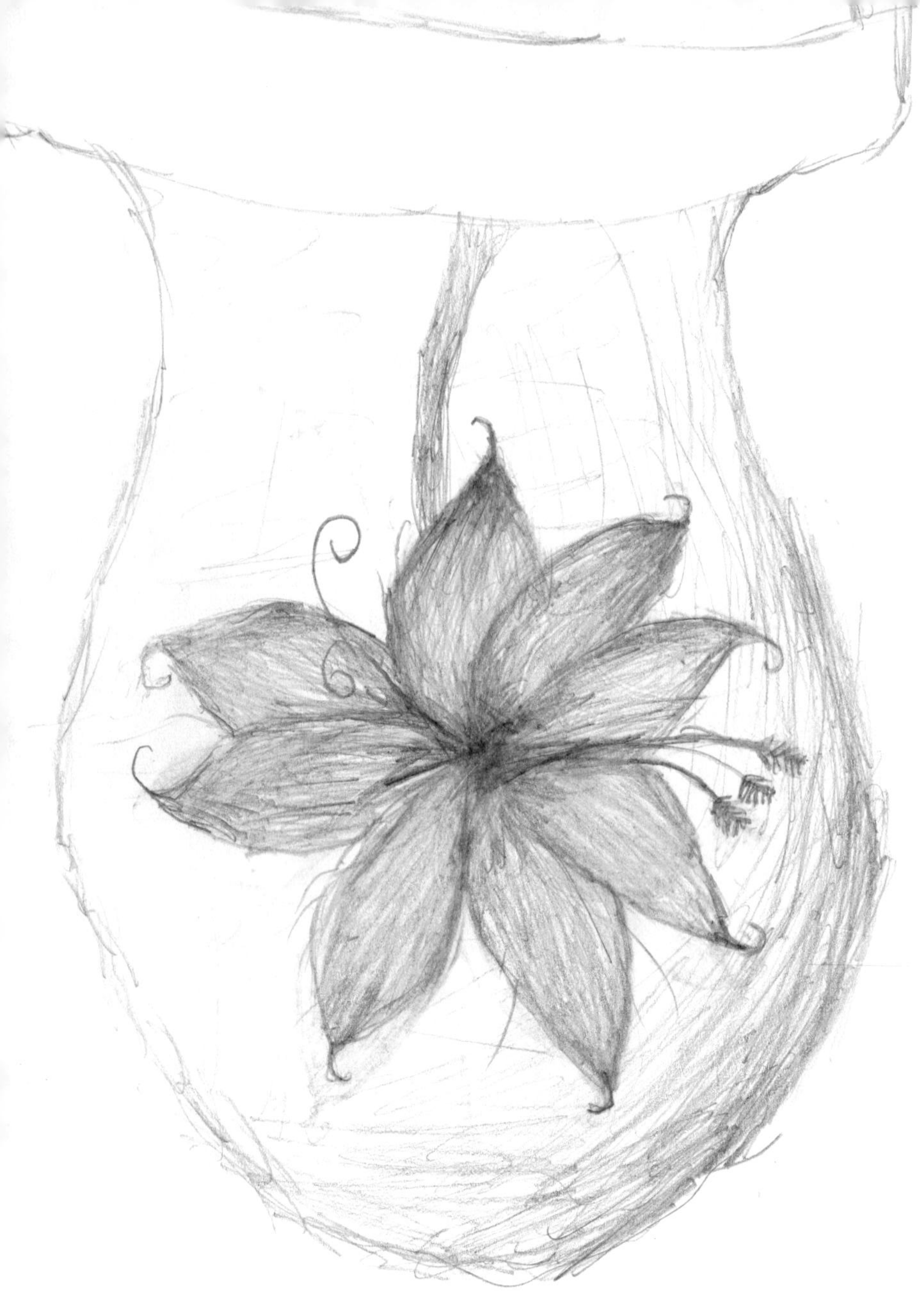

DICT. UNIV. D'HIST. NAT.   Mollusques.   Pl. 5.

1,2. Bucarde géante. (Cardium magnum, Linn.)   3,4. Ethérie plombée. (Etheria plumbea, Fer.)
5,6. Tridacne faîtière (Tridacna squammosa, Lamk.)   7,8. Came Corne de Daim. (Chama damæcornus, Lamk.)

Prêtre pinx.   Annedouche sc.

Langlois imp.

DICT. UNIV. D'HIST. NAT. Mollusques. Pl. 4.

1,2. Galathée à rayons (Galathea radiata, Lamk.) 3,4. Cyrène cordiforme (Cyrena cordiformis, Desh.)
5,6. Astarté d'Islande (Astarte Islandica, Desh.) 7,8,9. Cyclade des rivières (Cyclas rivicola, Lamk.)

DICT. UNIV. D'HIST. NAT.　　　　　　　　　Mollusques, PL. 19.

1,2. Hélice trochiforme (Helix epistylium, Mull.) _ 3,4. Hélice macrostome (Helix vittata, Mull.)
5,6. Hélice sinuée (Helix sinuata, Mull.) _ 7,8. Hélice multicolore (Helix polychroa, Swain.)
9,10. Hélice pyramidelle (Helix Pyramidella, Wagner) 11,12,13. Hélice de Lister (Helix Listeriana, Gray.)
14,15,16. Hélice polygire (Helix polygyrata, Born.)

DICT. UNIV. D'HIST. NAT.   Mollusques. PL. 20.

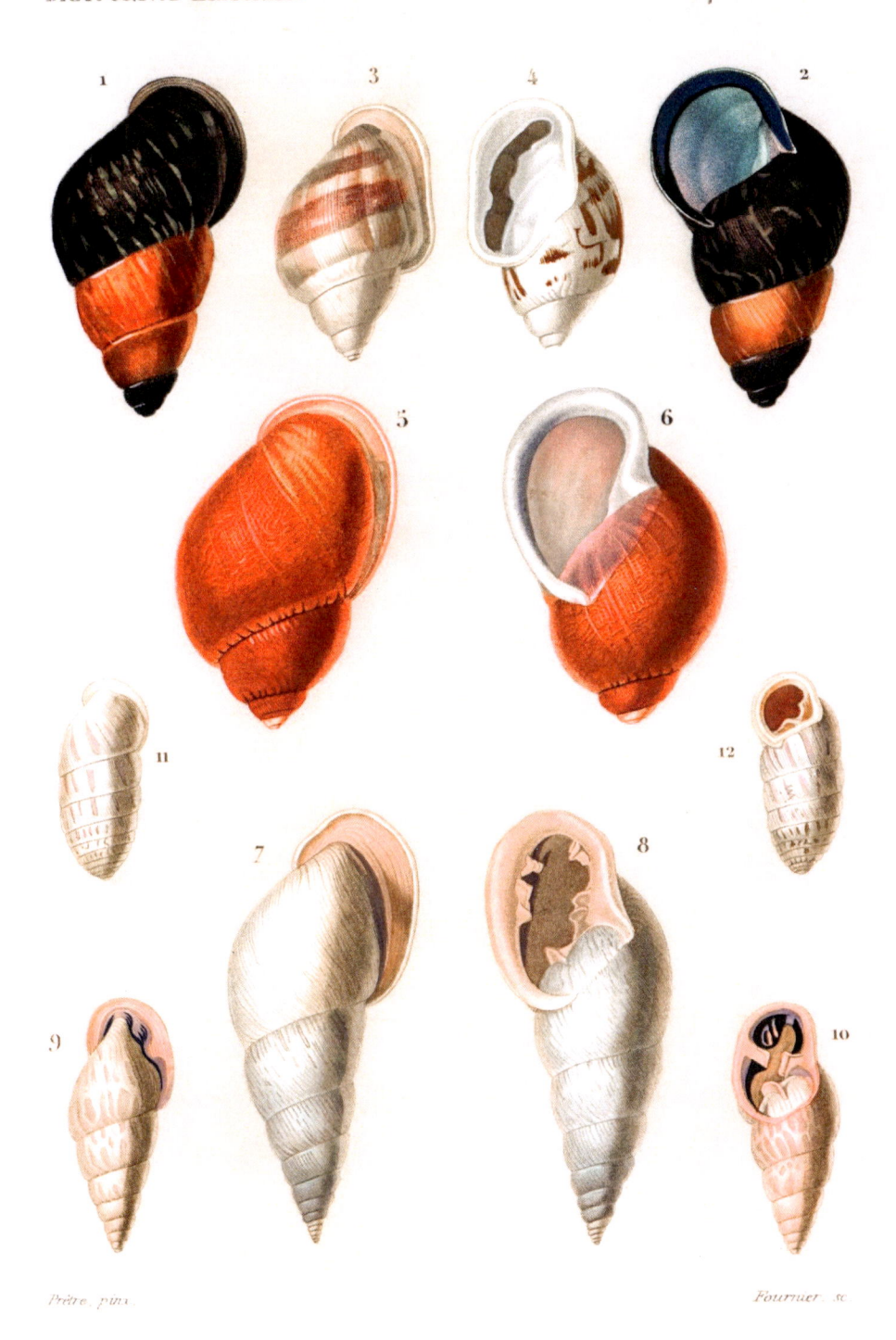

Prêtre, pinx.   Fournier, sc.

1,2. Bulime de Mender. (Bulimus Mendorensis, *Rossl*.) — 3,4. Bulime buriné. (Bulimus signatus, *Wagn*.)
5,6. Bulime pudique. (Bulimus pudicus, *Muller*.) — 7,8. Bulime pantagruel. (Bulimus pantagruelinus.)
9,10. Bulime rongeur. (Bulimus exesus, *Spix*.) — 11,12. Maillot chrysalide. (Pupa Chrysalis, *Fer*.)

DICT. UNIV. D'HIST. NAT. Mollusques. Pl. 8.

1.2. *Lime écailleuse*. (Lima squamosa, Lamk.) 3.4. *Spondyle safrané*. (Spondylus crocatus, Desh.)
5. *Huître feuille*. (Ostrea folium, Lamk.) 6.7. *Pecten tigré*. (Pecten tigris, Lamk.)

DICT. UNIV. D'HST. NAT. Mollusques. PL. 25.

1. *Colombelle grande.* (**Colombella** major, *Sow.*) — 2,3. *Buccin casquillon.* (**Buccinum** arcularia, *Lin.*) 4. *Volute ondulée.* (**Voluta** undulata, *Lamk.*) — 5. *Vis zébrée.* (**Terebra** strigata *Sow*) — 6. *Cône impérial.* (**Conus** imperialis, *Lin.*) — 7. *Harpe ventrue.* (**Harpa** ventricosa, *Lamk.*) — 8. *Buccin mélanostome.* (**Buccinum** melanostoma, *Sow.*)

DICT. UNIV. D'HIST. NAT.   Mollusques.   GASTÉROPODES. PL. 10.

1. Aplysie ponctuée. (Aplysia punctata, Cuv.) — 2. 3. Sigaret déprimé (Sigaretus haliotoideus, Lamk.)
4. 5. Natice flammulée (Natica canrena Lk.) — 6. 7. 8. Bulle banderolle (Bulla aplustre, Lin.)
9. Ombrelle de la méditerranée. (Umbrella mediterranea, Lamk.)

DICT. UNIV. D'HIST. NAT. Mollusques. Pl. 22

Prêtre, pinx. Legrand, sc.

1. Strombe variable. (Strombus variabilis, Swain.) 2. Concholépas du Pérou. (Concholepas Peruvianus, Lamk.)
3. Ricinule digitée. (Ricinula digitata, Lamk.) 4. Licorne lèvre épaisse. (Monoceros crassilabrum, Lamk.)
5. Rostellaire bec-arqué. (Rostellaria curvirostris, Lamk.) 6. Casque ondé. (Cassis undata, Martini.)
7. Pourpre persique. (Purpura persica, Lamk.)

DICT. UNIV. D'HIST. NAT. Mollusques. PL. 24.

1. Ancillaire *bordée* (**Ancillaria** marginata, Lamk.) — 2,3. Volvaire hyaline (**Volvaria** pallida, Lamk.)
4. Marginelle d'Adanson (**Marginella** Adansoni, Kiener) — 5. Mitre scabriuscule (**Mitra** scabriuscula, L.)
6. Carrière subulée (**Terebellum** subulatum, Lamk.) — 7,8. Ovule intermédiaire (**Ovula** intermedia, Sow.)
9. Olive du Pérou (**Oliva** Peruviana, Lamk.) — 10. Porcelaine *bouffonne* (**Cypræa** scurra, Chemn.)

DICT. UNIV. D'HIST. NAT.   Mollusques.   PL. II.

GASTEROPODES { 1. *Vermet d'Adanson* (Vermetus lumbricalis, *Lamk.*) — 2. *Magile antique* (Magilus antiquus, *Lamk.*) — 3 et 4. *Scalaire couronnée* (Scalaria coronata, *Lamk.*) 5. *Turbo cidaris* (Turbo petholatus, *Lin.*) — 6 et 7. *Haliotide rayonnée* (Haliotis radiata, *Peah.*)

DICT. UNIV. D'HIST. NAT.   Mollusques.   Pl. 21.

1. *Nérinée tuberculeuse.* (Nerinæa nodosa, *Def.*) — 2. *Cérite chenille.* (Cerithium aluco, *Brug.*)
3. *Turbinelle poire.* (Turbinella pyrum, *Lamk.*) — 4. *Cancellaire obtuse.* (Cancellaria obtusa, *Desh.*)
5. *Fuseau longirostre.* (Fusus longirostris, *Desh.*) — 6. *Rocher palme de Rosier.* (Murex palma rosæ, *Lamk.*)

XLV

569 a.b Pecten caurinus G.
570 a c ——— hericius G.
571 a_c ——— lætus G.

U.S. Exploring Expedition. MOLLUSCA. PL. 29.

445 a, b	Patella fimbriata G.	449 a–c	Patella sagittata G.	453 a–c	Lottia cymbiola G.
446 a, b	——— luctuosa G.	450 a, b	——— araneosa G.	454 a	——— instabilis G.
447 a–d	——— cinnamomea G.	451	——— argentata G.	455 a–c	——— pintadina G.
448 a, b	——— citrullus G.	452 a, b	——— talcosa G.	456 a, b	——— scabra G.

Drawn by J. Drayton & Dougal

ALBERT I PRINCE DE MONACO, CAMP SCIENT   MOLLUSQUES PL.II

MOLLUSQUES DES MERS DU NORD

U.S. Exploring Expedition. MOLLUSCA. PL. 34.

506 a b Mactra falcata G.
507 a b Panopæa generosa G.
508 a b Lutraria capax G.

Drawn by A.F. Bellows. W.H. Dougal Sc.

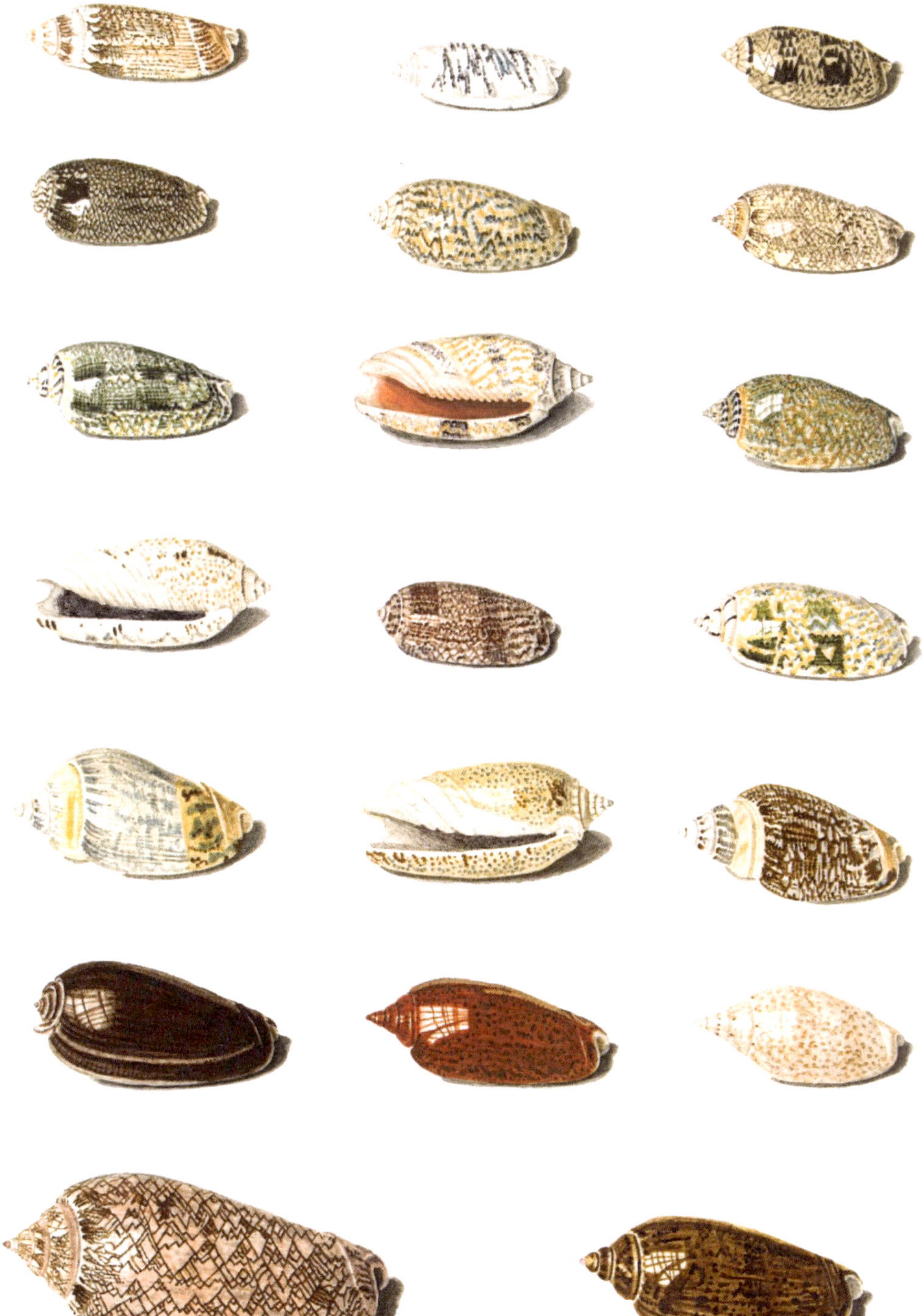

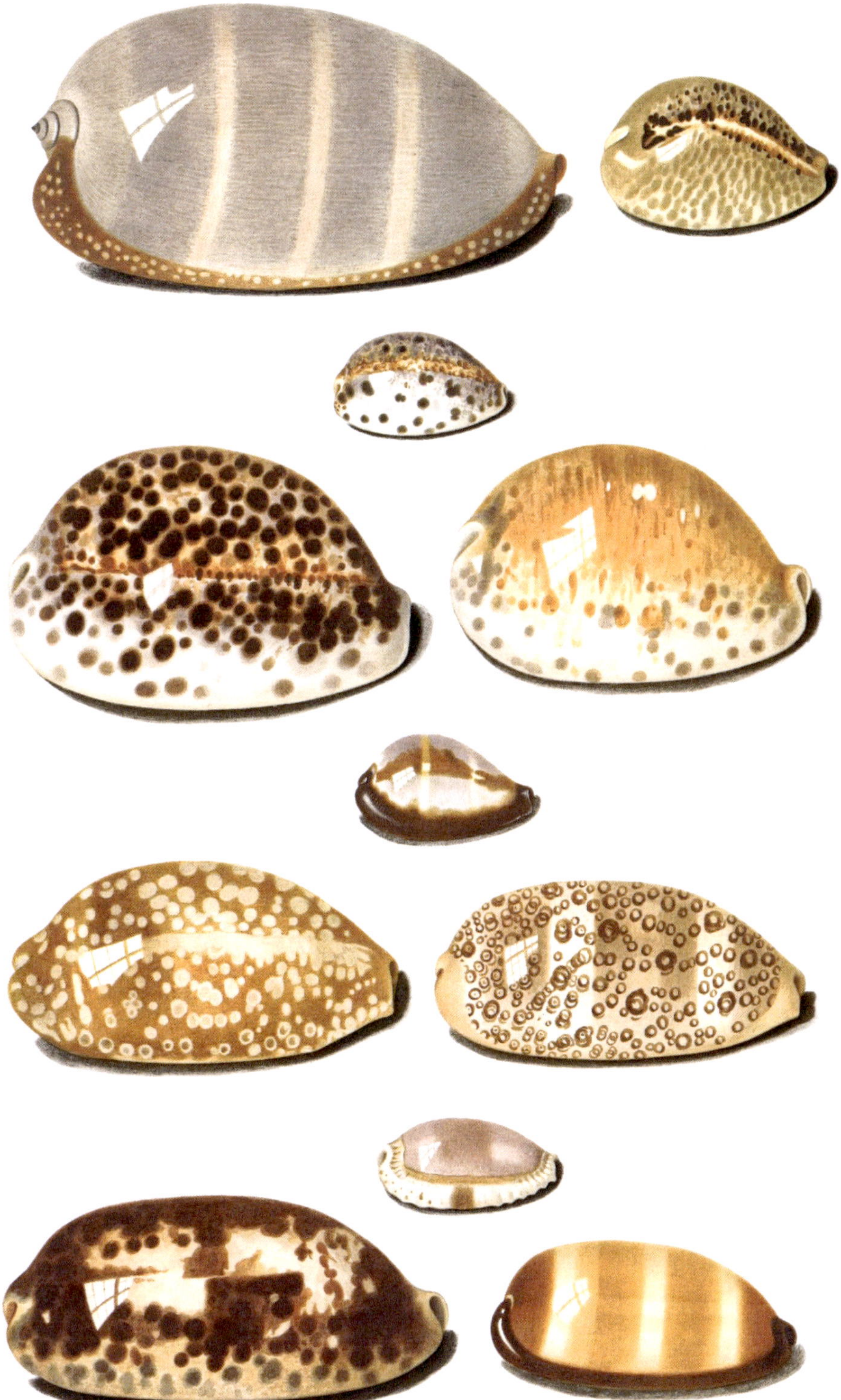

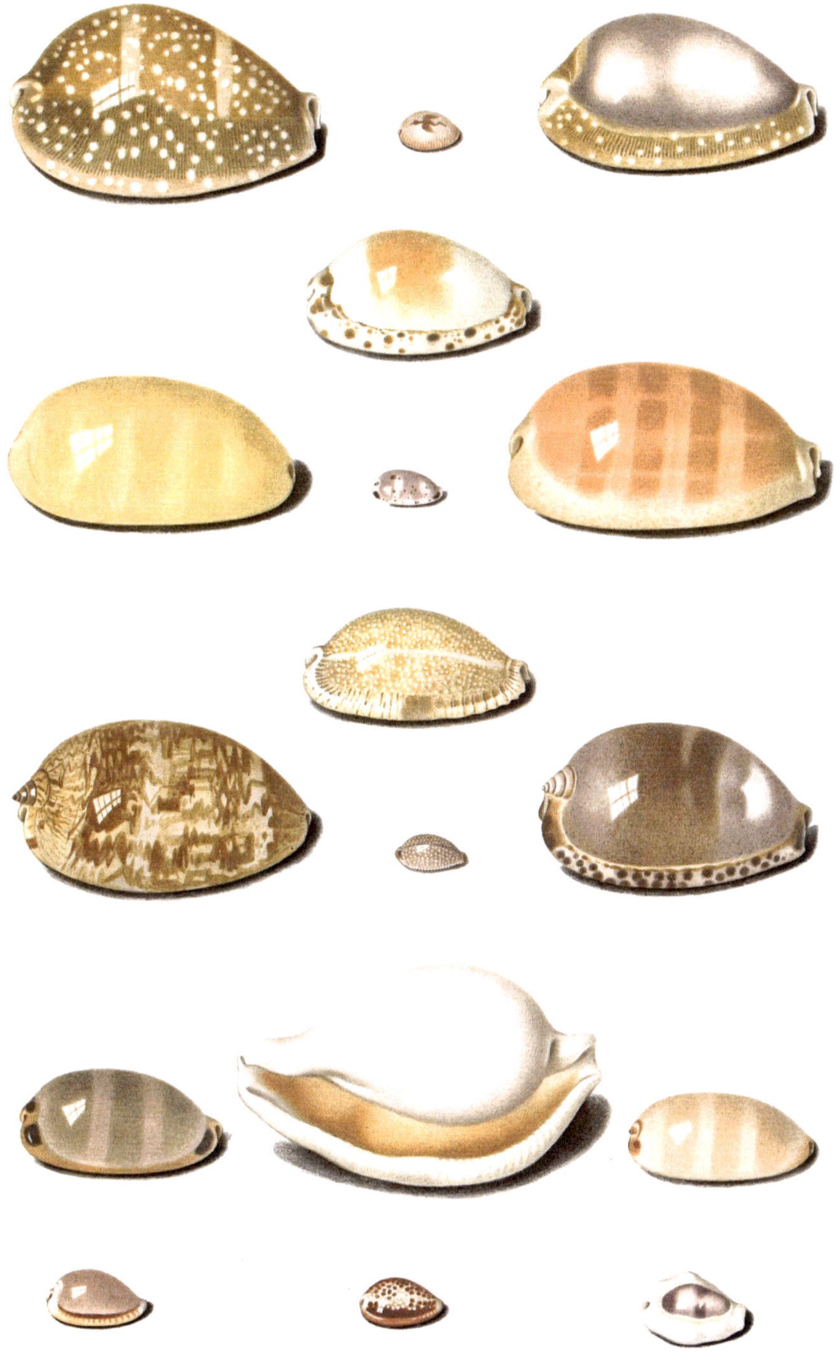

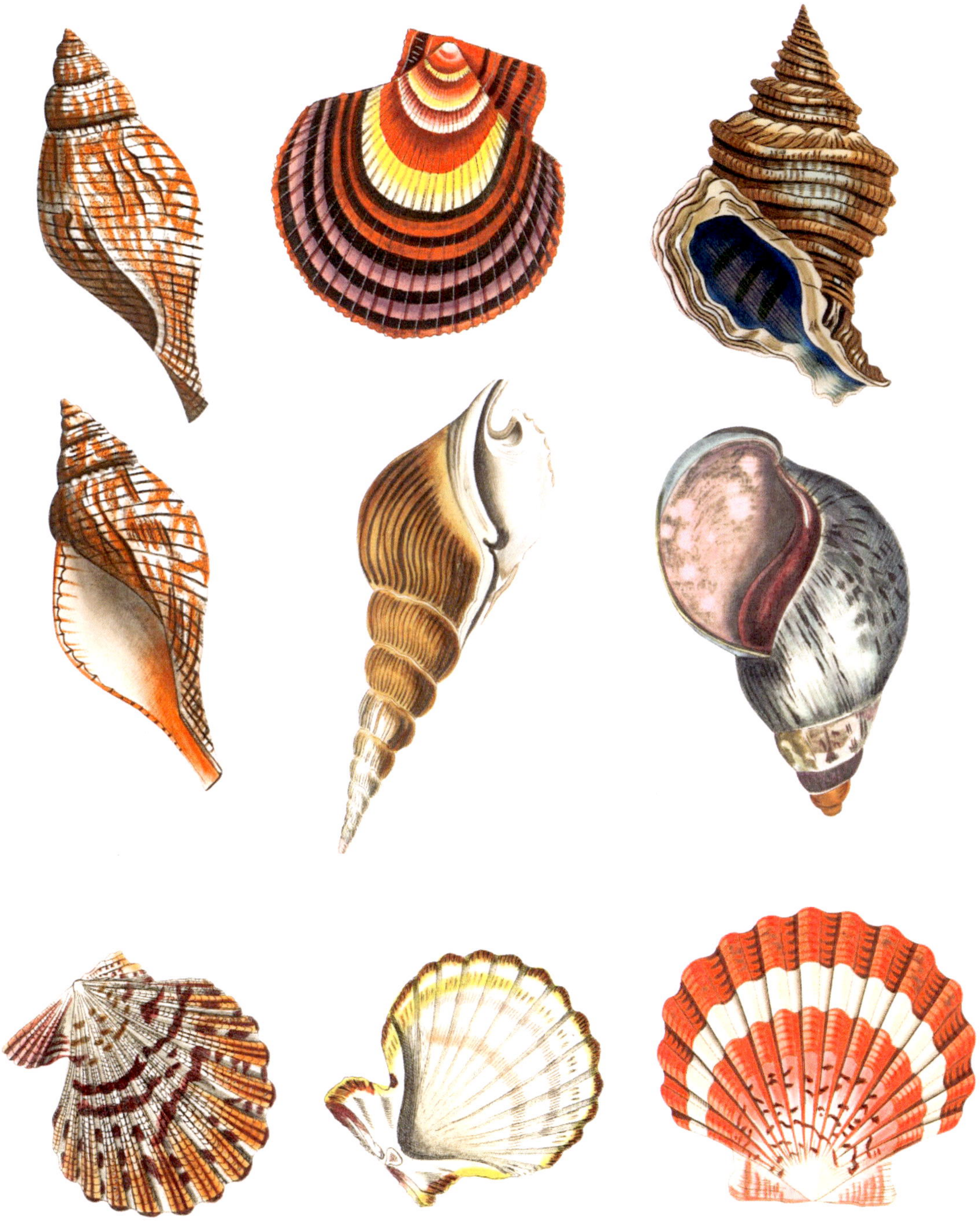

U.S. Exploring Expedition.   MOLLUSCA. Pl. 15.

249 a	Stomatella tumida G.	255 a	Natica dilecta G.	262 a	Pyramidella
250 a.b	—— decolorata G.	256 a	—— algida G.	263 a.b	Tornatella bullata G.
251 a.b	Planaxis lineolatus G.	257 a	—— soluta G.	264	Bulla bifasciata Mart.
252 a	Littopa decussata G.	258 a.c	Sigaretus antarcticus Couth.	265 a.d	—— diaphana Couth.
253 a	Natica Lewisii G.	260 a.b	—— protensus Couth.	266 a	—— rubiginosa G.
254 a	—— caurina G.	261 a.c	Rissoa ambigua G.	267 a	—— parallela G.

Drawn by J. Drayton & J.P. Couthouy.   J.H. Arnold Sc.

ALBERT I{er} PRINCE DE MONACO, CAMP. SCIENT. MOLLUSQUES. PL. I

MOLLUSQUES DES MERS DU NORD

Printed in the USA
CPSIA information can be obtained
at www.ICGtesting.com
LVRC090242280524
781577LV00015B/32